## 어린이를 위한
# 공동체 수업

초판 1쇄 발행 | 2019년 11월 5일

글 이정호 | 그림 방인영

**펴낸이** 최현희
**기획** 이선일 | **편집** 조설휘 | **디자인** 김민정

**펴낸곳** 도서출판 푸른날개
**출판등록** 제 131-91-44275
**주소** 인천시 연수구 샘말로 62번길 9
**전화** 032)811-5103
**팩스** 032)232-0557, 032)821-0557
E-mail bluewing5103@naver.com

글 ⓒ 이정호 2019 | 그림 ⓒ 방인영 2019
이 책의 저작권은 저자와 출판사에 있습니다.
서면에 의한 저자와 출판사의 허락 없이 내용의 일부를 인용하거나 발췌하는 것을 금합니다.

ISBN 978-89-6559-248-8 (74190)
978-89-6559-237-2 (SET)
값 10,000원

* 잘못된 책은 구입하신 곳에서 바꿔드립니다.

어린이를 위한

# 공동체 수업

이정호 글 | 방인영 그림

푸른날개

## 공동체 수업 참여 방법

　사람은 혼자서 살 수 없어요. 그래서 가정을 이루고 또래 집단을 만들어요. 그런데 함께 생활하다 보면 나만 좋으면 된다는 생각, 나만 아니면 된다는 마음이 불쑥 올라와요.

　『어린이를 위한 공동체 수업』은 공동체 안에서 함께 잘 지내도록 돕는 책이에요. 우리 집, 우리 학교, 우리 동네뿐 아니라 우리 지구에서 조화롭게 사는 법을 일러 주지요.

　이 책을 읽으면서 '내 행복만큼 다른 사람들의 행복도 소중하다.'는 점을 깨달으면 좋겠어요. 행복은 여럿이 함께 손잡고 만들어 가는 거니까요.

이정호 선생님이.

## 공동체 의식을 키우기 위한 목표

## 공동체에서 함께 살아가는 방법

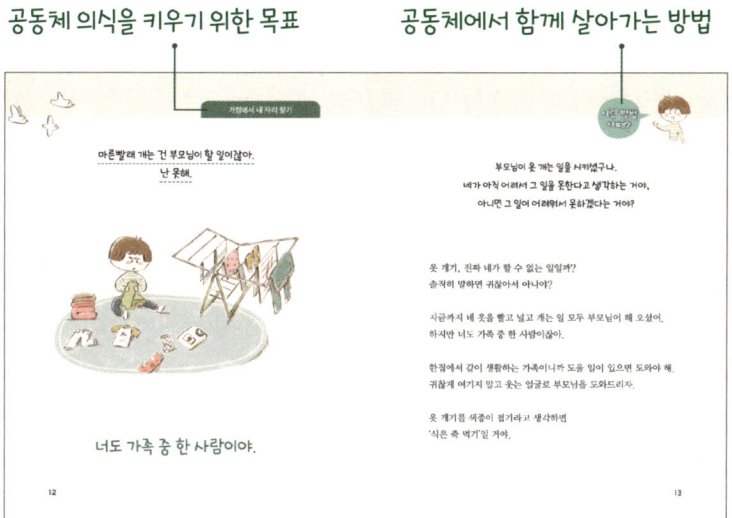

## 좋은 공동체를 만드는 데 필요한 활동

## 차례

공동체 수업 참여 방법 · 8

너도 가족 중 한 사람이야 · 12
징징대지 말고 말로 해 · 16
형제는 한 가지에서 나왔어 · 20
말하지 않으면 몰라 · 24
가족 간에도 예의가 있어 · 28
모습은 달라도 모두 가족이야 · 32
혼자서만 하려고 하지 마 · 36
폭력은 절대 안 돼 · 40
먼저 손을 내밀어 봐 · 44

친절할수록 사이가 좋아져 · 48
규칙은 꼭 지키자 · 52
돌아가면서 말해 · 56
함께 지혜를 모아 봐 · 60
"멈춰!"라고 외쳐 · 64
너의 용기를 보여 줘 · 68
1등이 전부는 아니야 · 72
먼저 하겠다는 생각은 버려 · 76
나누는 마음은 아름다워 · 80

밤에 피아노 치는 건 곤란해 · 84
나 하나쯤이야는 곤란해 · 88
주인을 찾아 줘 · 92
남의 집도 우리 집처럼 · 96
냄새 나는 건 당연해 · 100
네 주위를 둘러봐 · 104
말투가 이상하다고? · 108
누구나 장애를 입을 수 있어 · 112
약자의 목소리를 들어 봐 · 116

자리를 양보해 · 120
도우면 행복해져 · 124
작은 것부터 실천해 봐 · 128
모든 사람은 존중받아야 해 · 132
남의 종교를 인정해 줘 · 136
깜둥이라니? · 140
우리도 자연의 일부야 · 144
하찮은 생명이란 없어 · 148
지구의 평화를 지키자 · 152

공동체 의식 테스트 - 나는 얼마나 공동체를 생각하고 있을까? · 156

가정에서 내 자리 찾기

마른빨래 개는 건 부모님이 할 일이잖아.
난 못해.

너도 가족 중 한 사람이야.

부모님이 옷 개는 일을 시키셨구나.
네가 아직 어려서 그 일을 못한다고 생각하는 거야,
아니면 그 일이 어려워서 못하겠다는 거야?


옷 개기, 진짜 네가 할 수 없는 일일까?
솔직히 말하면 귀찮아서 아니야?

지금까지 네 옷을 빨고 널고 개는 일 모두 부모님이 해 오셨어.
하지만 너도 가족 중 한 사람이잖아.

한집에서 같이 생활하는 가족이니까 도울 일이 있으면 도와야 해.
귀찮게 여기지 말고 웃는 얼굴로 부모님을 도와드리자.

옷 개기를 색종이 접기라고 생각하면
'식은 죽 먹기'일 거야.

집안일에는 여자가 할 일, 남자가 할 일이 따로 있지 않아.
물론 어른이 할 일, 아이가 할 일은 따로 있지.

힘쓰는 일과 위험한 일은 네가 할 수 없지만,
간단한 일은 충분히 할 만해.

'화분에 물 주기', '다 먹은 밥그릇 싱크대 속에 넣기',
'책상 정리하기'처럼 말이야.

사소한 일이라도 스스로 거들면 부모님이 기뻐하실 거야.
당연히 가족에 대한 사랑도 더욱 깊어질 거고.

**네가 할 수 있는 집안일에는 뭐가 있을까? 세 가지를 써 보자.**

예) 다 놀고 난 장난감을 보관함에 넣기

**집안일을 도와 칭찬받은 적이 있지? 언제였을까?**

**칭찬받았을 때 기분은 어땠어? 그때의 네 표정을 그림으로 그려 봐.**

제대로 부탁하는 법 배우기

토끼 인형 사 줘. 저거 갖고 싶단 말이야.
으아앙.

징징대지 말고 말로 해.

사람들 많은 마트에서 울면서 떼쓰는 거야?
엄마 아빠 얼굴이 잔뜩 일그러져 있네.
사람들은 모두 널 쳐다보고 있고.
네가 좋아하는 짝꿍도 저기 보이는 걸.


한 가지만 물어 볼게.
마트 오기 전에 토끼 인형 사 달라고 미리 말씀드렸어,
아니면 마트에서 갑자기 그런 거야?

별안간 갖고 싶어져서 떼쓴 거라면 무척 곤란해.
네가 우는 동안 어쩔 줄 몰라 하시는 엄마 아빠를 봐.
그것만큼 부모님을 곤란하게 만드는 건 없거든.

원하는 게 있을 땐 정중히 말씀드리자.
이유가 타당하다면 거절하지 않으실 거야.

시작해 보자

엄마 아빠니까 네가 원하는 건 뭐든지 다 들어주셔야 할까?
네가 왕이고, 부모님이 하인은 아니라는 것쯤은 너도 알잖아.

네가 갓 태어나서 걷지도 못하고 말도 못할 때,
부모님은 네가 원하는 걸 다 해 주셨지.

그러나 지금은 그렇지 않아.
두 발로 걷고 뛸 수 있고, 생각을 말로 표현할 줄도 아는걸.

최대한 예의를 갖춰서 네 바람을 또박또박 말해 보자.

잊지 마, 가족은 평등한 관계야.

마트나 문구점에서 떼쓰는 친구들을 보면 어떤 생각이 들어?

요즘 네가 제일 갖고 싶은 물건은 뭐야?
어떻게 하면 그 물건을 가질 수 있을까?

네가 갖고 싶은 물건을 사 달라고 쪽지를 써 보자.
그리고 그 쪽지를 엄마나 아빠의 신발 안에 살짝 넣어 두는 거야.
"이게 뭐지?" 하면서 네 글을 정성껏 봐 주실 거야.

형제끼리 우애 있게 지내기

동생을 사라지게 하는 기계는 왜 없어? 진짜 꼴 보기 싫어.

형제는 한 가지에서 나왔어.

네가 없는 사이에 동생이 네 간식까지 다 먹었구나.
이번이 처음이 아니라서 더 속상하겠다.
부글부글 끓는 마음은 이해하지만, 동생을 사라지게 하는 건 좀 그래.


'흥부와 놀부' 이야기 잘 알지?
놀부는 동생 흥부를 왜 그토록 구박했을까?
굶주리는 동생이 불쌍하지도 않았을까?

못된 놀부는 흥부를 눈엣가시로 여겼던 모양이야.
그래서 너처럼 동생이 사라지면 좋겠다고 생각했겠지.

사이좋은 형제도 많지만 사이 나쁜 형제도 종종 볼 수 있어.
하지만 잊지 않아야 할 건 형제는 한 가지에서 나왔다는 점.
싫든 좋든 함께 살아야 하는 가족이란 점이야.

언니, 오빠, 형, 누나, 동생과 다투지 않고 잘 지내는 법은
생각보다 간단해.

먼저 형제를 존중하려는 마음을 갖는 거야.
형을 만만하게 보고, 동생을 얕잡아 보면
싸움이 일어날 수밖에 없거든.

그리고 평소에 이렇게 행동해 봐.
번갈아 가면서 게임하기, 장난감 가지고 놀 때 꼭 허락받기,
간식 뺏어 먹지 않기, 무조건 양보하라고 하지 않기.

하나씩 실천하다 보면 사이가 나빠지지 않을 거야.

언니, 오빠, 형, 누나, 동생이 꼴 보기 싫을 때가 있을 거야.
언제 그래?

___

형제는 경쟁하는 사이면서 도와주는 사이야.
형제끼리 협력한 적은 언제였어?

예) 놀이터에서 못된 형이 때리려고 할 때 우리 형이 도와줬다.
비 오는 날 동생과 함께 우산을 썼다.

___

언니, 오빠, 형, 누나, 동생 생일 때 어떤 선물을 해 주면 기뻐할까?

> 자기 의견 제대로 밝히기

## 가족회의 한다는데 뭘 말해야 하지?

## 말하지 않으면 몰라.

내일 처음으로 가족회의를 연다고?
회의하는 게 낯설어서 걱정되나 보다. 무엇이든 처음은 어렵지.
학교에서 학급회의 할 때를 떠올리면 좀 나을 거야.


평소 가족에게 불편을 느낀 점이 무엇인지 생각해 보자.

동생이 치약을 끝부터 안 짜고 가운데부터 짜서 짜증 나지 않았어?
오빠가 함부로 네 서랍을 열어서 화난 적은 없었어?
누나가 잘 우는 널 보고 '울보'라고 놀려서 신경질 나지 않았니?
아빠가 괜한 일로 큰 소리를 치셔서 깜짝 놀라지는 않았고?

하나하나 떠올려 보면
가족에게 부탁하거나 건의하고 싶은 말이 있을 거야.
잘 정리해 보렴.

"가족이니까 그 정도 불편한 점은 참고 넘겨."
"가족끼리는 따지지 않는 거야."
"서로 자기 말만 하면 싸우게 되니까 그만하자."

잠깐! 그렇지 않아.

가족이라도 할 말은 해야 해.
좋은 게 좋은 거라면서 쉬쉬하다 보면
나중엔 작은 흠집이 큰 상처가 되고 말아.

완벽한 가족이란 있을 수 없어.
부족한 점을 서로 채우면서 함께 만들어 가는 게 가족이야.

**평소 우리 가족에 대해 불편한 점이 뭐였어? 세 가지만 써 보자.**

예) 아빠가 주무실 때 코를 많이 곤다.
_____
_____
_____

**가족회의 할 때 모두 존댓말을 쓰는 게 좋을까,
아니면 평소 하던 말 그대로 하는 게 좋을까?**

모두 존댓말을 쓰는 게 좋다.
왜냐하면 _____ 때문이다.
평소 하던 말을 쓰는 게 좋다.
왜냐하면 _____ 때문이다.

**가족회의에서 가족 규칙을 정한다고 해 보자.
네가 생각하는 가족 규칙 다섯 개를 써 봐.**

예) 일주일에 한 번 피자와 치킨 시켜 먹기
　　저녁에 가족 모두 함께 산책 나가기
_____
_____
_____

가족끼리 서로 배려하기

가족끼린데 뭐 어때. 동생 옷이 내 옷이지.

가족 간에도 예의가 있어.

네가 동생 옷을 허락 없이 입어서 동생이 뭐라고 했구나.
가족끼리니까 괜찮다고 생각한 거야?
너 때문에 속상했을 동생 생각을 해 봐.



가족만큼 편한 사이는 없어.
니 것, 내 것 할 것 없이 물건도 같이 쓰곤 하잖아.

그런데 자기 물건을 함부로 만지는 게 싫은 사람이 있다면?
너만 좋다고 네가 하고 싶은 대로만 할 수는 없지.

가족 간에도 예의가 있어.
가까운 사이일수록 서로를 배려해야지.

네가 동생에게 존중받으려면 네가 먼저 동생을 존중해야 해.
그러니까 얼른 미안하다고 사과해.

시작해 보자

우리는 배려하는 사람을 좋아해.
배려는 깨지기 쉬운 유리잔을 조심스럽게 만지는 것과 같아.
유리잔이 깨지지 않게,
그러니까 가족 간에 얼굴 붉히지 않고 잘 지내려면
조심스럽게 상대방을 배려하는 태도를 갖춰야 해.

가족은 사랑으로 이루어진 공동체지만,
그 사랑은 저절로 생겨난 게 아니야.
예의를 갖춰 서로 배려할 때 비로소 사랑이 샘솟아.

남이 싫어할 만한 행동을 하지 않는 것,
그게 배려의 시작이야.

예의를 지키지 않아서 부모님께 꾸지람을 들은 적이 있지?
무엇 때문이었어?

예) 아무 때나 여기저기에서 방귀 뀔 때

_____

_____


가족 중에 가장 예의 바르게 행동하는 사람은 누구야?
그 사람이 어떻게 예의를 차려?

_____

_____

_____


가족끼리 예의 없게 함부로 하는 말을 예의 있는 말로 고쳐 보자.

(동생에게) "야, 게임기 너만 하냐. 빨리 안 줘!"

⇒ (동생 이름을 부르며)

" _____ 야, _____ ."

_____

31

다양한 가족 형태 이해하기

은빈이네 집 좀 이상해. 걔네 엄마 친엄마가 아니래.

모습은 달라도 모두 가족이야.

은빈이 엄마가 친엄마가 아닌 게 뭐가 이상해?
똑같이 사랑 듬뿍 주시는 엄마잖아.
혹시 그걸로 은빈이를 놀리려는 건 아니지?

보통의 경우 남녀가 결혼해서 아이를 낳고 가족을 이뤄.
하지만 은빈이네처럼 이미 아이가 있는 남녀가
다른 사람과 결혼해 가족이 되는 경우도 있지.
또 결혼하지 않고 아이를 낳아 사는 가족도 있어.
혼자 아이를 키우며 사는 가족도 있고 말이야.
어떤 아이는 조부모님과 살기도 해.

가족의 형태는 한 가지로 정해져 있지 않아.

그러니까
눈을 크게 뜨고 은빈이네 집을 바라보면 좋겠어.

김밥 만드는 과정을 생각해 봐.
먼저 김을 깔고 그 위에 밥을 살살 펴.
그다음 단무지, 햄, 당근, 달걀부침, 시금치 등을 올려.
마지막으로 속 재료가 흩어지지 않도록 꾹꾹 눌러 돌돌 말아.
김밥이 맛있는 건 여러 재료가 한데 모여
조화로운 맛을 내기 때문이야.

가족도 그래.
친엄마인지 새엄마인지는 중요하지 않아.
가족끼리 얼마나 끈끈한 정을 느끼느냐가 중요하지.

이제부터는 가족에 대해 가진 편견을 버리자.

가족의 형태에는 여러 가지가 있어. 생각나는 대로 써 보자.

예) 엄마, 아빠, 나

할머니, 엄마, 삼촌, 나

혹시 엄마 아빠가 친엄마, 친아빠가 아니라고 생각해 본 적 있어? 언제였을까?

만약 엄마 아빠가 네 동생을 입양하겠다고 하면 어떤 생각이 들 것 같아?

여럿이 함께 협력하기

모둠 활동은 왜 하는 거야. 혼자 하면 편한데.

혼자서만 하려고 하지 마.

너처럼 뭐든 잘하면 혼자 하는 게 편해.
그런데 혼자 하기 힘든 친구들도 있어.
그런 친구들은 어떻게 해야 할까? 네가 도와주는 건 어때?


모둠 활동을 해야 하는데, 딴짓만 하는 친구들이 있어.
네 눈에는 그런 친구들이 곱게 보이지 않을 거야.
꾹 참으려고 해도 자꾸 신경이 쓰이고,
결국 "너희랑 같이 안 해." 하며 화를 내고 말 거야.
이해해.

그렇지만 이렇게 생각해 보자.
그 친구들이 딴짓하는 건
어떻게 해야 할지 잘 몰라서 그런 거라고 말이야.

네가 친구들한테 방향을 알려 주는 건 어때?
어때, 함께 할 마음이 생기지 않아?

날이 갈수록 혼자서 하는 사람이 늘고 있어.
혼자 밥 먹고, 혼자 게임하고, 혼자 놀고, 혼자 여행 가고.
여럿이 함께 있으면 스트레스를 받기도 해서
홀가분하게 혼자 즐기려고 하는 거래.

그렇다고 늘 혼자 하려고 하는 건 곤란해.
남의 도움을 받아야 할 때가 생기기 마련이니까.
또 내 도움이 필요한 사람도 있을 수 있으니까.

따로 또 같이!

혼자 할 때와 함께 할 때를 잘 구별하면
하루하루가 즐거워져.

**어떨 때 혼자 있으면 좋겠다고 생각하게 돼?**

예) 동생이 놀아 달라고 쫓아다니며 조를 때

_____

_____

**어떨 때 여럿이 함께 있으면 좋겠다고 생각해?**

예) 밤에 우르르 쾅쾅 천둥 번개 칠 때

_____

_____

**혼자 있을 때 마음껏 하고 싶은 것을 두 가지 써 보자.**

예) 피자 한 판 혼자 다 먹기

_____

_____

**친구들과 함께 있을 때 하고 싶은 것을 두 가지 써 보자.**

예) 편 갈라서 농구하기

_____

_____

폭력으로 문제 해결하지 않기

맞을 짓을 했으니 때린 거야! 그러게 왜 알짱거려.

폭력은 절대 안 돼.

이런, 친구를 때린 거야?
친구가 어떻게 했기에 주먹이 나간 걸까?
한 번만 더 참았으면 좋았을 텐데….


너한테 맞은 친구는 어떤 생각을 할까?
'꼭 복수하고 말 테야.' 하면서 부글부글 화가 끓어올랐을 거야.

너는 어때? 네 마음은 호수처럼 잔잔해?
아니, 너도 흥분된 마음이 좀처럼 가라앉지 않을 거야.

이렇게 폭력은 때린 사람과 맞은 사람을 모두 아프게 해.
세상에 맞을 짓이란 있을 수 없어.

폭력으로 문제를 풀려 하지 말고 대화로 풀어 보자.
잊지 마. 폭력은 결코 옳은 방법이 아니야.

폭력은 불쾌함이나 두려움 때문에 생겨나.
'왜 내 앞에서 알짱거려? 지금 날 놀리는 거야?' 하면서
나 자신을 지켜야겠다는 생각을 하게 되고
주먹을 꽉 쥐게 돼.

하지만 친구가 알짱거린 건
너와 친해지고 싶어서 한 행동일지도 몰라.

만약 화가 나서 친구를 때리고 싶어질 땐 이렇게 말해 봐.
"너 때문에 몹시 화가 나. 왜냐하면…."

네 감정을 말로 솔직하게 드러내고 친구와 대화하다 보면
꼭 쥐었던 주먹이 스르르 풀릴 거야.

두 마을이 있다고 생각해 보자.

윗마을에는 튼튼한 소가 많아서 해마다 풍년이야.
아랫마을에는 비실비실한 소가 많아서 해마다 흉년이고.
어느 날 아랫마을 사람들은 윗마을로 쳐들어가 튼튼한 소를
빼앗아 와야겠다고 생각했어. 그들은 곧바로 무기를 준비했지.
그것을 눈치챈 윗마을 사람들도 무기를 준비하면서 소를 빼앗기지
않으려고 했어. 앞으로 두 마을은 어떻게 될까?

---
---
---
---
---

폭력은 한 번으로 끝나지 않아. 복수하고 보복하면서 끝없이 되풀이되지.
그렇다면 윗마을과 아랫마을이 싸움을 끝낼 방법은 뭘까?
어떻게 해야 두 마을이 평화를 이룰 수 있을까?

---
---
---
---

### 혼자 있는 친구와 함께하기

예린이에게 친구가 없는 건 소심해서 그런 거야.

먼저 손을 내밀어 봐.

예린이는 친구 없는 외톨이구나.
자신감이 없어서 친구 하자고 먼저 다가서지도 못하는 것 같아.
친구 없이 지내려면 무척 힘들 것 같은데….



친구를 잘 사귀는 아이가 있는가 하면,
그렇지 못한 아이도 있어.

친구를 못 사귄다고 해서 무시하고 따돌려도 될까?

사람들은 나와 다른 것을 잘 받아들이지 못해.
나와 다르면 '나보다 못하다.'는 식으로 여겨 으스대곤 하지.

너의 장점과 예린이의 단점이 만나면 어떨까?
수줍어하는 예린이에게 활달한 네가 친구가 되는 거야.
할 수 있지?

## 시작해 보자

배가 바다에 빠졌는데 운 좋게 살아난 사람이 있었어.
하지만 살았다는 안도감은 잠시뿐이었어.
곧바로 거센 파도처럼 외로움이 몰려왔거든.

그런데 어느 날 그 사람은 파도에 떠밀려 온 배구공을 주웠어.
공에 눈, 코, 입을 그려 넣고 이름을 지어 주었지.
그때부터 그 사람은 배구공을 친구 삼아
외로움을 잊을 수 있었어.

어떤 생각이 들어?

맞아, 살아가는 데 가장 중요한 것은 친구를 사귀는 거야.
혼자 외롭게 지내는 친구에게 먼저 다가가 손을 내밀어 보자.

수줍음이 많아 목소리가 작은 친구를 보면 어떤 생각이 들어?

_____
_____
_____
_____

체육 시간에 몸이 약한 친구와 같은 편이 된다면 어떨까?

_____
_____
_____
_____

못된 장난을 자주 쳐서 다들 싫어하는 아이와도 친구가 될 수 있을까?

_____
_____
_____
_____

### 친절하게 대하는 법 익히기

정수는 맨날 투덜거려! 진짜 마음에 안 들어.
그런데도 친하게 지내야 해?

친절할수록 사이가 좋아져.

정수가 말끝마다 툴툴거려서 마음에 안 드나 보네.
날마다 함께 어울리는 친구라서
"이젠 너랑 놀기 싫어."라고 말하기도 어렵고. 무척 고민되겠다.


맞아! 친한 친구들과도 투닥거릴 때가 있어.
윷놀이 할 때 '도'를 '모'라고 우기는 친구가 있고,
기분 나쁜 말을 자주 하는 친구도 있어.
삐쳐서 꽁한 친구가 있고, 말을 잘 못 알아듣는 친구도 있어.
정말 마음에 안 드는 친구들이지.

하지만 널 골탕 먹이거나 네가 미워서 그런 건 아닐 거야.
네가 좀 더 너그러워진다면 별일 아닐 수 있어.

성격이 서로 다를 뿐이거든.

입맛에 맞는 음식만 먹으면 얼마나 좋을까?
매일 달콤한 것만 먹는다면 하늘을 날 듯 기분 좋을 거야.
하지만 그러면 몸이 망가지게 돼.
쓴맛, 신맛, 매운맛을 골고루 먹어야 몸이 튼튼해지지.

친구 사이도 마찬가지야.
마음에 쏙 드는 친구만 만날 수는 없어.
친구가 네게 툴툴거리면 덩달아 툴툴거리지 말고
부드럽게 말해 보자.

친절한 말 한마디가 그 친구를 바뀌게 할 수 있으니까.

친구의 어떤 모습이 네 마음을 상하게 할까?

예) 게임하면서 규칙을 지키지 않을 때
　　선생님이 하지 말라고 하는 걸 굳이 하려고 할 때


친구가 퉁명스럽게 기분 나쁜 말을 할 때 어떻게 대답하면 좋을까?

친구 : "어? 어제 입은 옷 오늘도 입고 왔네."
(사실 다른 옷을 입었다. 눈썰미가 좀 부족한 친구다.)


나 : "　　　　　　　　　　　　　　　　　"


괜한 일로 삐친 친구를 달래려면 어떤 말이 좋을까?
친구의 굳은 마음을 풀어 줄 말을 생각해서 써 보자.

**규칙과 약속 잘 지키기**

너희도 반칙 조금씩 하잖아. 왜 나한테만 그래.

규칙은 꼭 지키자.

축구하다가 팔에 공이 맞았는데 그냥 하자고 우기는 거야?
그건 분명히 반칙인데 말이야.
무턱대고 우길 일은 아닐 텐데.

친구들끼리 노는 거니까 자잘한 반칙은 괜찮다고 생각할 수 있어.
국가 대표 팀끼리 하는 경기는 아니니까.

하지만 반칙을 내버려 두면 어떻게 될까?
우왕좌왕 뒤죽박죽, 축구인지 농구인지 모르게 될 거야.

규칙은 우리를 옭아매는 끈이 아니야.
정정당당하게 실력을 겨루도록 돕는 울타리지.

규칙을 어겼을 땐 바로 인정하자.
친구들과 멀어지지 않으려면 말이야.

가까운 사이면 뭐든 다 용서가 된다고 착각해.
친구들과 놀이터에서 만나기로 약속해 놓고
10분 늦게 나가도 괜찮다고 생각하지.
배드민턴을 치는데 셔틀콕이 금 밖으로 나갔어도
"아웃 아닌데."라며 대수롭지 않게 말해.
이건 모두 잘못된 행동이야.

친한 사이일수록 규칙과 약속을 잘 지켜야 해.
그래야 서로에 대한 믿음이 단단해져.

네가 손해를 보거나 힘들어진다 해도
규칙은 반드시 지키도록 노력하자.

너는 규칙이나 약속을 잘 지키는 편이야,
아니면 잘 안 지키는 편이야?

규칙을 잘 지키지 않는 친구를 도와줄 방법은 무엇일까?

예) 규칙 어길 때 화를 내지 않고 친절하게 알려 준다.

네가 좋아하는 운동 경기의 규칙을 아는 대로 써 보자.

예) 야구할 때 공이 몸에 맞으면 1루로 진출한다.
태권도할 때 급소를 차면 안 된다.
농구할 때 공을 발로 차면 안 된다.

**평등한 친구 관계 만들기**

네 이야기는 너무 재미없어. 너 말고 다른 애가 말해 봐.

돌아가면서 말해.

친구들끼리 모여서 재미있는 이야기를 하는구나.
그런데 한 친구의 이야기가 재미없다고 뚝 끊어버린 거야?
저런, 친구 얼굴이 빨개지고 있잖아.

너는 '내가 뭘 잘못했어?' 하며 억울해할 수도 있어.
하지만 입장 바꿔 생각해 보자.
친구는 네 말을 듣고 어떤 기분이 들었을까?
무안하고 창피하면서도 화가 났을 거야.

친구 관계는 평등한 거야.
누가 위에 있지도 않고 아래에 있지도 않아.

이야기할 기회는 누구에게나 공평해야 해.
그 기회를 막을 권리는 누구에게도 없어.

"넌 잘생겼으니까 계속 얘기해도 돼."
"넌 뚱뚱하니까 거기까지만 말해."
"넌 말이 빠르니까 조금만 말해."
이런 말은 절대 하지 않아야 해.
겉모습만 보면서 제멋대로 판단한 거니까.

잘생기든 뚱뚱하든, 말이 빠르든 느리든
누구에게나 말할 시간과 기회는 같아야 해.

각자의 시간을 존중하고 기회를 줘야 진정한 친구지.
기다려 줄 줄 아는 태도가 우정이란 점을 기억해.

친구들과 함께 분식집에 갔어. 각자 자기가 먹을 음식을 말하는데, 한 친구만 말을 못하고 우물쭈물하고 있어. 어떻게 하면 좋을까?

_____
_____
_____
_____

친구들끼리 모여서 무서운 이야기를 하는데, 어떤 친구가 계속 깐족대는 거야. "뭐가 무서워. 하나도 안 무섭네." 이 친구에게 뭐라고 말하면 좋을까?

_____
_____
_____
_____

네가 말하는 중에 말을 끊는 친구가 있다면 뭐라고 말해 주고 싶어?

예) "미안한데 내 말 아직 안 끝났어."
_____
_____
_____
_____

토의하고 협의하여 결정하기

학급회의는 왜 하는 거야? 그냥 선생님이 딱 정해 주면 되잖아.

함께 지혜를 모아 봐.

학급회의를 하면 늘 말하는 아이만 의견을 내.
다른 아이들은 잘 듣지도 않고 떠들기까지 하지.
그래서 학급회의가 필요 없다고 생각해. 정말 필요 없는 걸까?


한 아이가 다른 아이 발에 걸려 넘어졌어. 그 아이는 곧장 따졌지.
"너 때문에 넘어졌잖아."
다른 아이는 지지 않았어.
"왜 나 때문이야. 난 가만히 있었는데."
급기야 두 아이는 주먹다짐을 했어.
그때 선생님이 들어오셔서 화해하라고 하셨어.
두 아이가 진심으로 화해할까?
아닐 거야.

이 싸움을 학급회의에서 다루면 어떨까?
왜냐하면 이런 일은 모두에게 생길 수 있는 문제거든.
학급회의는 함께 지혜를 모아 문제를 해결할 좋은 방법이야.

하루에도 몇 번씩 크고 작은 일이 교실에서 벌어져.
기분 나쁜 일, 화나는 일, 짜증 나는 일이 날마다 생기지.
왜 그럴까?
생각이 다르고 성격이 다른 친구들이 모여 있기 때문이야.

학급회의는 서로 다른 생각을 모으는 자리야.
뾰족한 생각을 둥글게 만들 좋은 기회지.

회의할 때 평소 불편했던 점을 말해 봐.
좋은 학급 분위기를 만들기 위해 함께 할 일을 떠올려 봐.

**네가 평소에 교실에서 불편했던 점은 뭐였어?**

예) 사물함이 낡아서 쓰기 불편하다.

**학급 분위기를 좋게 만들기 위해 무엇을 하면 좋을까?**

친구들끼리 험한 말, 욕 하지 않기

교실에서 각자 식물을 키우는데, 어느 날 선생님이 물 당번을 정하자고 하셨어. 물 당번이 모든 화분에 물을 주라는 거지. 하지만 넌 각자 물을 주면 된다고 생각해. 선생님과 반 친구들에게 어떤 말로 네 생각을 전하면 좋을까?

**괴롭힘과 따돌림 멈추게 하기**

쟤는 고자질쟁이니까 따돌림 당하는 건 당연해.

"멈춰!"라고 외쳐.

"선생님, 쟤가요… 이랬어요."
사소한 일까지 일러바치는 아이가 있긴 해.
그래도 따돌려서는 안 돼.
따돌림은 마음에 아주 큰 구멍을 내고 말거든.


미운 짓만 하는 아이, 욕을 달고 사는 아이, 잘난 척하는 아이,
냄새 나는 아이, 친구들을 배신한 아이.
이런 아이들이 따돌림을 당해.
이유는 간단해. 그냥 싫으니까 미우니까 짜증 나니까.

물론 각자 싫어하는 아이가 있을 수 있어.
그렇지만 한 사람을 여럿이 괴롭히고 놀리는 건 폭력이야.
누군가를 따돌리는 게 당연하다고 생각하는 순간
마음 속에는 폭력이라는 괴물이 자라나게 돼.

괴물이 점점 커지지 않도록 "멈춰!"라고 외쳐 봐.

**시작해 보자**

닭장 안에 암탉들을 모아 놓으면 서열이 생긴대.
가장 힘센 암탉부터 모이를 먹을 수 있다는 거야.
가장 약한 닭에게 모이통을 주면 닭들이 달려들어 쪼아댄대.
정말 불쌍하지.

교실에서도 마찬가지야.
다양한 아이들이 모여 있다 보니 따돌림이 생겨날 수도 있어.

네 마음 속에 친구를 괴롭히는 괴물이 자라나지 않도록
조심해.

알게 모르게 친구를 공격할 때가 있어.
문항을 잘 읽어 본 뒤 '그렇다' 또는 '아니다'에 체크해 봐.
그리고 따돌림이라는 괴물이 마음 속에 자라고 있는지 잘 살펴봐.

| 문항 | 그렇다 | 아니다 |
|---|---|---|
| "그 애와 놀지 마! 말도 하지 마!"라고 말한 적이 있다. | | |
| 누군가를 괴롭히기 위해 계획을 짠 적이 있다. | | |
| 누군가의 별명을 부르면서 약을 올린 적이 있다. | | |
| 누군가의 생김새와 옷차림을 놀린 적이 있다. | | |
| 누군가의 비밀을 다른 친구에게 말한 적이 있다. | | |
| 누군가에 대해 일부러 나쁜 소문을 퍼뜨린 적이 있다. | | |
| 누군가를 비난하는 글을 쓴 적이 있다. | | |
| 누군가에게 "너 죽을래?" 하며 협박한 적이 있다. | | |
| 그 아이가 없는 데서 험담을 한 적이 있다. | | |
| 다른 친구들에게 누군가를 따돌리자고 말한 적이 있다. | | |

## 학교 폭력 못 본 척하지 않기

**따돌림 당하는 애 도와주면 나도 왕따 된단 말이야.**

### 너의 용기를 보여 줘.

그 심정 이해할 수 있어.

따돌림 당하면 너무 괴로워지니까.

하지만 따돌림 당하는 친구가 네 눈에 자꾸 보이잖아.

그저 보고만 있을 거야?

따돌림은 한두 아이에게서 시작돼.
그 아이들을 말리지 않으면 따돌림은 점점 심해져.
그 아이들은 이렇게 생각해.
'아무도 안 말리네. 계속 괴롭혀도 되겠어.'

따돌릴 때 못 본 척하는 아이들을 '방관자'라고 해.
따돌림 당하는 아이는 방관자도 따돌리는 아이라고 생각하지.

용기를 내어 방관자에서 벗어나 보자.
따돌리는 아이를 보호하는 '방어자'로 변신하는 거야.

### 시작해 보자

못된 짓 하는 걸 보면 '저러면 안 되는데.' 하는 생각이 들어.
정의감이 생기는 거지.
그런데 "그러지 마." 하는 말이 목구멍까지 올라오다가
입 밖으로 나오지 못할 때가 있어.
가슴만 벌름거릴 뿐이지.

그럴 땐 침 한 번 삼키고, 숨 한 번 들이마신 뒤 소리쳐 보자.
"하지 마!" "안 돼!" "멈춰!"
그러면 따돌리던 아이가 멈칫할 거야.
다른 친구들도 그 말에 용기를 내어 함께 소리칠 거야.
"그래, 그만 둬!"

2학년인데도 한글을 잘 모르는 아이가 있어. 그 아이는 늘 놀림을 받아.
그 아이를 위해 네가 할 수 있는 건 무엇일까?

_____
_____
_____
_____

키가 작아 놀림받는 아이가 있어. 그 아이가 사물함을 열려고 하는데
키가 작아 열 수가 없어. 몇몇 아이가 '땅콩'이라고 놀리네.
너라면 어떻게 하겠니?

_____
_____
_____
_____

급식 시간에 혼자 밥 먹는 아이가 있어. 그 아이에게 냄새가 나서 누구도
같이 밥을 먹지 않으려고 해. 어떤 도움을 줄 수 있을까?

_____
_____
_____
_____

## 지나친 경쟁심 버리기

이번 줄넘기 경기에서 무슨 수를 쓰더라도 1등을 하고 말테야.

1등이 전부는 아니야.

1등 하겠다는 의지는 정말 대단해.
그런데 무슨 수를 쓰더라도 이기겠다고?
그렇게 1등 하면 다른 친구들이 뭐라고 할까?


1등만큼 기쁜 일이 있을까?
최고라고 인정받은 거니까 기분 최고지.
정정당당하게 겨뤄서 1등을 한다면 칭찬받아 마땅해.
하지만 수단 방법 가리지 않고 1등을 하면
고개를 갸웃거릴 수밖에 없어.

너 때문에 피해를 입은 다른 친구들을 생각해 봐.
꼼수를 쓰는 건 친구들의 땀과 노력을 내팽개치는 짓이야.

경쟁심이 지나치면 친구들뿐 아니라 네게도 해가 돼.
'무슨 수를 쓰더라도'라는 생각은 휴지통에 버리자.

어떤 학교에서 운동회가 열렸어.
달리기 경기가 시작되자, 다섯 아이가 뛰기 시작했지.
맨 오른쪽 아이는 늘 꼴찌만 하는 아이였어.
다리가 아픈 아이였거든.
그 아이는 점점 뒤쳐졌어.

그런데 한 아이가 달려와 그 아이의 손을 잡았어.
다른 아이들도 같이 와서 손을 잡았지.
다섯 아이는 함께 골인했어.
1등도 꼴찌도 없는 달리기였지.

이렇게 우정으로 1등이 되어 보는 건 어때?

짝꿍이 수학을 잘 못해서 네게 자꾸 물어본다고 생각해 봐.
너는 알려 주기 싫어. 이번에 꼭 백 점을 맞고 싶거든.
알려 주지 않는 게 좋은 걸까?

_____
_____
_____


"내가 1등으로 내릴 거야." 엘리베이터 문이 열리자 쌩 하고 뛰어가는
친구에게 어떤 말을 해 주고 싶어?

_____
_____
_____
_____


"오늘은 내가 급식 1등이야." 허겁지겁 밥을 먹어 치우는 친구에게 하고
싶은 말이 있다면 무엇일까?

_____
_____
_____
_____

순서 지키며 새치기하지 않기

새치기 좀 하면 어때. 아침 안 먹어서 배가 너무 고프단 말이야.

내가 먼저 받을래!!

먼저 하겠다는 생각은 버려.

배가 많이 고팠나 보다.
그래서 이번에 처음으로 새치기할 생각을 한 거지?
항상 너 먼저 하겠다고 그러는 건 아니겠지?



네 뒤에 줄 선 친구들 표정을 봐. 붉으락푸르락하고 있지 않니?
친구들은 속으로 이렇게 생각할 거야.
'쟤는 뭔데 새치기하는 거야.'
'누구는 배가 안 고픈가?'
'이렇게 줄 선 우리는 뭐가 되는 거지?'

줄 선 친구들의 마음을 헤아린다면 새치기할 생각이 안 들 거야.

그런데 어쩌다 보면 다급한 순간이 있을 수 있어.
만약 정말 급해서 빨리 화장실을 써야 할 땐 정중히 부탁해 보자.
"진짜 미안한데 내가 먼저 쓰면 안 될까? 너무 급해서…."

질서를 지키는 게 때로는 불편할 때도 있어.

하지만 질서가 없으면 세상은 엉망진창이 되고 말아.
자기 먼저 하겠다고 서로 달려들 테니
약한 사람들은 어쩔 수 없이 뒤로 밀려나겠지.
어르신, 장애인, 어린이에게는
단 한 번도 차례가 오지 않을 수도 있어.

질서는 모든 사람을 편하게 해.
때론 줄을 길게 선 사람들에게서 아름다움이 느껴져.

우리 모두 만족할 수 있도록 잠시 기다리는 여유를 갖자.

네가 먼저 그네를 잡았는데, 어떤 형이 와서 자기가 먼저 타겠다고 해.
어떻게 말하면 좋을까?

_____
_____
_____

간식을 받는데, 선생님이 먼저 온 나보다 뒤에 온 친구에게 먼저 간식을
주셨어. 어떻게 하면 좋을까?

_____
_____
_____

몸이 불편한 친구가 나보다 먼저 급식을 받겠다고 해.
어떻게 하면 좋을까?

_____
_____
_____

도움이 필요한 친구 돕기

짝꿍이 오늘도 깜빡하고 연필을 안 가지고 왔대.
오늘은 절대 안 빌려 줄 거야.

나누는 마음은 아름다워.

매일 네 연필을 빌려 주려니 억울한 마음이 들지도 몰라.
그 친구는 네게 연필을 빌려 준 적이 없으니까.
그런데 정말 안 빌려 줄 거야?


어떤 사람이 사막의 오아시스를 자기가 다 가져야겠다고 생각했어.
그런데 주변에 있는 나무들이 눈에 걸렸지.
"저 나무들이 물을 다 빨아들이잖아. 몽땅 베어 버리자."

나무를 다 베었더니 오아시스는 바짝 말라 버리고 말았어.
나무들이 그늘을 만들어 물이 마르지 않게 했던 거였거든.

욕심을 부린다고 모두 내 것이 되지는 않아.

꼭 쥐고 있는 것보다 나누는 게 널 위한 길이야.

### 시작해 보자

나누면 왠지 빼앗기는 기분이 들어.
하지만 네가 가진 걸 조금만 나누어도
교실에는 웃음꽃이 활짝 필 거야.

물론 자기 걸 빌려 주지 않는 아이는 너 뿐만이 아니야.
맛있는 간식을 혼자서만 먹는 아이도 있잖아.

마음이 따뜻한 아이가 되고 싶지?
그렇다면 네가 가진 걸 남들과 나누자.
움켜 쥔 손보다 활짝 편 손이 훨씬 예쁘거든.

네가 친구들에게 빌려 줄 수 있는 물건을 다섯 가지만 써 보자.

_____
_____
_____
_____
_____

친구에게 네 물건을 빌려 줄 때 좋은 점과 나쁜 점을 세 가지씩 써 봐. 그리고 비교해 봐.

좋은 점 :
_____
_____
_____

나쁜 점 :
_____
_____
_____

친구에게 빌려 준 물건이 망가져서 돌아오면 뭐라고 말할 거야?

_____
_____
_____

### 층간소음 일으키지 않기

밤에 피아노 친다고 아래층 아저씨가 화를 냈어.
내가 우리 집에서 치는 것도 안 돼?

누가 밤늦게 피아노 치는거야~

밤에 피아노 치는 건 곤란해.

피아노 치는 걸 뭐라고 할 사람은 없어.
문제는 밤 늦게 치는 거지.
밤이 되면 다들 조용히 쉬고 싶어 하잖아.


빌라와 아파트 같은 공동주택에 살면
쿵쾅대는 소리, 싸우는 소리, 웃는 소리가 들릴 때도 있어.
그것 때문에 이웃끼리 심하게 다투기도 해.

하지만 소리를 안 내고 살 수는 없어.
서로 배려하고 조심해야지.

어쩔 수 없이 피아노를 쳐야 한다면,
아래층이나 위층 사람들에게 정중히 부탁해 봐.
"죄송합니다. 발표회가 얼마 남지 않아서요. 양해해 주세요."

### 시작해 보자

나에게 듣기 좋은 '소리'가 누군가에겐 듣기 싫은 '소음'이 돼.
소음은 시끄러운 소리라서 짜증 나고 화나게 해.
자동차가 갑자기 멈추는 소리, 의자 끄는 소리,
못 박는 소리처럼 말이야.

이웃과 사이좋게 지내고 싶으면 좋은 소리를 내야 해.
시끄러운 소리로 이웃을 괴롭혀서는 안 되지.

밤에 소리 나는 걸 하고 싶을 땐 잠깐 생각해 보자.
'이웃집에서 시끄러워 하지 않을까?'

위층에 사는 아이들이 쿵쾅쿵쾅 뛰어다녀서 공부를 할 수가 없어.
어떻게 하면 좋을까?

_____

_____


이웃끼리 소음을 내지 않는 방법으로 뭐가 있을까? 세 가지를 써 보자.

　　예) 집 안에서 공 튀기며 놀지 않기
_____

_____

_____


옛날 사람들은 이사 가면 떡을 빚어서 이웃에 돌렸어.
"옆집에 이사 온 사람입니다. 잘 부탁드려요." 서로 얼굴을 익히면서
정을 나누었지. 요즘에는 이웃끼리 잘 만나지 않잖아. 그래서 층간소음
문제를 풀기가 참 어려워. 해결 방법으로 뭐가 있을까?
너의 반짝거리는 아이디어를 소개해 줘.

_____

_____

_____

우리 동네 깨끗하게 가꾸기

쓰레기통이 안 보여서 그냥 길에 버렸어.
누군가가 치우겠지 뭐.

나 하나쯤이야는 곤란해.

저 앞에 쓰레기통 있는데.
저기까지 가기 싫어서 그런 거야?
자기 쓰레기는 자기가 버려야 한다는 걸 잊은 거구나.


'아무도 안 보겠지?' 이런 생각으로 아무 데나 쓰레기를 버려.
아무 데나 침을 뱉고, 씹던 껌을 붙여 놓지.
그걸 누가 치워야 할까?
버리는 사람 따로, 줍는 사람 따로 있지 않잖아.

쓰레기통이 안 보이면, 네 주머니에 쓰레기를 넣자.
집에 가서 버리면 되니까.

배려는 아주 거창한 게 아니야.
쓰레기를 아무 데나 버리지 않는 작은 일이 배려거든.
누가 보지 않더라도 제 할 일은 꼭 하자.

나쁜 생각은 마음 속 악마가 옆에서 속삭이는 거야.
"엘리베이터에 휙! 계단에 툭! 나뭇잎들 사이로 쏙!
놀이터 미끄럼틀 구멍에 슬쩍! 얼마나 재밌는데."

처음엔 재미있어서 시작한 게 나중에는 아주 나쁜 버릇이 돼.
한 번 굳어진 나쁜 버릇은 잘 고쳐지지 않아.
그러니까 악마의 속삭임에 쉽게 넘어가지 말자.

악마에게 대꾸해.
"그게 뭐가 재밌어?
쓰레기는 쓰레기통에 넣는 게 훨씬 재밌다고!"

쓰레기를 종류별로 따로 버려야 한다는 거 알고 있지?
치킨을 배달시켜 먹은 다음 쓰레기를 종류별로 분리해 보자.

> 종이상자, 플라스틱 그릇, 비닐포장지,
> 치킨 뼈, 일회용 포크, 음료수 캔, 플라스틱 병, 나무젓가락,
> 입 닦은 휴지, 손 닦은 물티슈, 먹다 남은 치킨과 무, 종이컵

① 음식물 쓰레기 :

② 일반 쓰레기 :

③ 플라스틱 :

④ 종이 :

⑤ 비닐 :

⑥ 캔 :

91

### 길에서 주운 물건 돌려주기

반짝거리는 목걸이가 눈에 확 띄더라고. 냉큼 주웠지.

주인을 찾아 줘.

고민하지 않고 바로 주운 거야?
주인이 누굴까 생각하지 않았어?
그 목걸이가 네 것은 아니잖아.


길을 걷다 보면 우연히 물건을 주울 때가 있어.
백 원짜리 동전부터 장난감까지 아주 다양하지.
아이들이 떠난 놀이터에 가 보면 가방도 있고 옷도 있어.

필요 없어서 버린 걸까?

눈이 밝은 네가 남의 물건을 주웠다면,
물건을 잃어버린 사람의 마음을 먼저 헤아려 봐.
어디서 잃어버렸는지 몰라서 무척 속상해하고 있을 거야.

돌려줄 방법을 찾아보는 게 어때?

물건에 이름과 전화번호가 쓰여 있다면 찾기 쉬울 거야.
안 그러면 찾기가 너무 어렵지.

하지만 방법이 없는 건 아니야.
버스에서 물건을 주우면 '기사님'께,
아파트 놀이터에서 주웠다면 '관리사무소'에,
학교에서 주웠다면 당연히 '선생님'께 가져다드리자.

어떻게 해야 할지 모르겠을 땐 그냥 두는 거야.
잃어버린 사람이 찾으러 다시 올 테니까.

물건을 잃어버린 적이 있어? 언제 어디서 어떤 물건을 잃어버렸어?

① 언제?

② 어디서?

③ 어떤 물건?

잃어버린 물건을 찾은 적도 있어?
네가 찾지 못했다면 누가 찾아 주었을까? 그때

① 네 마음은 어땠어?

② 누가 찾아주었어?

③ 감사 인사는 했어?

주운 물건을 주인에게 돌려준 적은 없어? 어떤 물건을 누구에게 어떻게 돌려주었는지 자세히 이야기해 보자.

① 어떤 물건이었어?

② 누구의 물건이었어?

③ 어떻게 돌려주었어?

### 남의 집에서 예의 갖추기

친구 엄마가 TV 소리를 작게 하라고 하셨어.
난 크게 듣고 싶은데.

## 남의 집도 우리 집처럼.

공부하는 누나 때문에 평소에 집에서 TV 소리를 작게 했구나.
그래서 오랜만에 놀러 간 친구네 집에서는 크게 한 거고.
하지만 거긴 친구네 집이잖아.


우리는 자기 집에서 못하는 걸 다른 데서 하고 싶어 해.
평소 하지 못한 걸 한꺼번에 빵 터뜨리고 싶은 거야.

그게 나쁜 마음은 아니야.
뭔가에 억눌리면 거기서 빠져나오려는 게 우리 마음이니까.

그래도 아무 곳에서나 자기 마음대로 할 수는 없어.
우리 집에서 안 되는 건 남의 집에서도 안 되곤 하니까.

곤히 잠든 아기를 위해서 TV 소리를 양보하자.

'우리 집도 아닌데 뭘.'
친구가 자기 집 벽에 낙서한다고 해서
너도 따라 하는 게 좋을까?
넌 너희 집에서 낙서하지 않는데 말이야.
그러면 친구가 친구 엄마한테 혼날 때 너도 혼날 거야.

남의 집에 갔을 땐 허락받지 않은 일은 하지 않는 게 좋아.
그래도 뭔가 하고 싶을 땐 먼저 물어 보자.
"텔레비전 봐도 돼요?" "욕실에서 발을 씻어도 돼요?"

남의 집도 우리 집처럼 여기면 문제가 생기지 않아.

친구 집에 가서 놀다가 친구 부모님께 혼난 적이 있어?
무슨 일 때문이었어? 혹시 억울한 마음이 들지는 않니?

_____
_____
_____

너희 집에 놀러 온 친구가 네 방을 다 어지럽혔어.
깔끔한 너라면 뭐라고 말할 것 같아?

_____
_____
_____

친구 집에 갔을 때 친구나 친구 부모님께 할 질문을 만들어 보자.

　　예) "물 좀 마셔도 돼요?"

_____
_____
_____

**가난한 사람에 대한 편견 없애기**

노숙인을 보면 피하는 게 상책이야.
냄새가 고약하거든, 웩.

냄새 나는 건 당연해.

노숙인은 길에서 자고 먹느라 잘 씻지 못해.
그러니 고약한 냄새가 날 수밖에.
하지만 그렇게 코를 막고 얼굴을 찡그리는 게 좋은 모습일까?


우리는 노숙인을 '거지'로 여겨.
게으르고 배운 게 없어 거지처럼 산다고 생각하지.
그러나 처음부터 노숙인이었을까?
한때는 아이의 아빠나 엄마였을지도 몰라.
이웃에 사는 평범한 사람이었다는 말이야.

우리는 노숙인을 피하고 상대하지 않으려 해.
그들 마음이 아픈지도 모른 채 말이야.

냄새가 나면 조용히 숨을 참아 봐.
코를 잡고 얼굴을 찡그리는 건 예의가 아니니까.

## 시작해 보자

노숙인은 버려진 사람이야.
일터에서 쫓겨나고 가족에게 쓸모없는 사람 취급을 받으니까.
그래서 자기 자신을 사랑하고 존중하는 마음이 거의 없어.
무슨 일이든 하지 않으려고 하지.

게다가 더럽고 냄새가 나니까
사람들이 안 보이는 곳으로 쫓겨 다녀.
자꾸 구석지고 어두운 곳을 찾게 돼.

노숙인을 보면 무섭다고 생각하지 말자.

'어서 가족 품으로 돌아가면 좋겠어요.'라고 생각해 보자.

친구들 중에도 옷을 잘 갈아입지 않아서 냄새 나는 아이가 있을 거야.
혹시 노숙인 대하듯 그 아이를 대하지는 않았어?

_____

_____

_____

노숙인들에게 무료로 밥을 나눠 주는 곳이 있어.
이 '무료 급식소'에 대해 너는 어떻게 생각해?

_____

_____

_____

노숙인들에게 바라는 점을 써 보자.

　　예) 무서운 얼굴로 바라보지 않으면 좋겠어요.

_____

_____

_____

자기 동네 중심에서 벗어나기

왜 임대 아파트가 우리 아파트랑 같이 있는 거야?

네 주위를 둘러봐.

설마 네가 사는 아파트와
임대 아파트가 다르다고 생각하는 거야?
사는 집을 두고 차별하는 건 못난 어른들이나 하는 짓인데.


우리가 사는 집은 다 같지 않아.
누구는 작은 집에 살고, 누구는 큰 집에 살아.
누구는 자기 집에 살고, 누구는 빌린 집에 살아.

잘 사는 사람은 잘 사는 사람끼리,
가난한 사람은 가난한 사람끼리 살면 좋을까?

네 주위를 둘러봐.
작은 나무와 큰 나무가 한데 어우러져 울창한 숲을 이루잖아.
사람도 그렇게 살아야 자연스러워.
큰 집이든 작은 집이든, 자기 집이든 빌린 집이든
차별하고 구분 지을 필요가 있을까?

시작해 보자

어떤 곳에서는 뾰족한 울타리를 쳐서
임대 아파트와 일반 아파트를 갈라놓는대.
또 어떤 곳에서는 임대 아파트에 사는 아이들이
놀이터에 못 들어오도록 막는대.
어떤 학원에서는 임대 아파트 아이들은 다닐 수 없다고 해.
어떤 부모님은 "○○○동에 사는 아이랑 놀지 마라." 하고.

어른들의 잘못을 네가 고칠 수는 없을 거야.

못난 어른들처럼 집의 크기로 친구를 판단하지 말고
다 함께 하하호호 웃으며 사이좋게 지내자.

우리 동네 지도를 그려 보자. 집에서 학교까지 걸어갈 때 주위에 보이는 집과 건물들을 그림으로 표현해 봐. 낮은 집, 높은 집, 큰 건물, 작은 건물이 모두 우리 동네에 함께 있다는 걸 알게 될 거야.

〈우리 동네 지도〉

## 지역별로 사람 차별하지 않기

용우 말투는 정말 촌스러워.
꼭 북한 사람 같다니까.

말투가 이상하다고?

용우 부모님은 조선족이야.
그래서 부모님 말투를 배운 것 같아.
그 말투가 용우에겐 아주 자연스러운 거야.


강원도 사람은 강원도 말을, 충청도 사람은 충청도 말을 해.
전라도 사람은 전라도 말을, 경상도 사람은 경상도 말을 하고,
제주도 사람은 제주도 말을, 서울 사람은 서울말을 하지.
그러니까 조선족 사람이 조선족 말을 하는 건 당연해.

말투는 이상한 게 아니라 다양한 거야.
서울말인 표준어가 최고는 아니거든.

용우가 북한 말투를 쓴다고 용우를 이상한 애로 보면 안 돼.

시작해 보자

주로 유럽과 미국 같이 잘 사는 나라 사람들을 마주쳤을 때
부러워하고 대단하게 여길 때가 있어.
그들이 우리말을 어눌하게 해도 뭐라 하지 않지.

그런데 아시아나 아프리카의 가난한 나라 사람들을 대할 때는
무시하거나 인상을 찌푸리기도 해.
그들이 우리말을 잘 못하면 얕잡아 봐.

외국인이라면 우리말을 잘 못하는 게 당연해.
네가 외국에 가서 산다고 생각해 봐.
그 나라 말을 잘 못한다고 차별받으면 좋을까?

사는 곳에 따라 사람을 이상하게 보는 건 진짜 촌스러운 거야.

각 지방의 사투리를 소리 내어 읽어 봐. 그리고 그 밑에 뜻을 써 봐.

① "뉘기 빨리 하라는 사람 있슴? 쉬어감서리 하잽구."(함경도)
⇒

② "오마니도 옷을 챙겨 입어야 하디 안카써요?" (평안도)
⇒

③ "아바이 이기 머인지 아우? 이기 잘해서 받은 트로피잖소." (강원도)
⇒

④ "저기 엄니, 애덜하구 놀이터 가려는디 안 되남유?" (충청도)
⇒

⑤ "자전거를 너맨키로 잘 타고 싶은디, 잘 안 되부러야." (전라도)
⇒

⑥ "희정아, 밥 묵고 약 무라." (경상도)
⇒

⑦ "아이스크림 하영 먹으민 배탈 나메." (제주도)
⇒

장애인에 대한 편견 깨기

소연이랑 또 같은 팀이야?
다리 불편한 애랑 어떻게 축구를 해?

누구나 장애를 입을 수 있어.

다리가 불편한 소연이를 팀에서 빼고 싶어?
그럼 소연이는 너희가 축구하는 걸 구경만 해야 할 텐데.
소연이가 그러는 게 괜찮겠어?

킥보드 타다가 넘어져서, 뛰다가 넘어지는 바람에
너도 다리를 다친 적이 있을 거야.
뼈에 금이 가서 붕대를 칭칭 감은 적도 있을 테고.

그때 만약 친구들이 "넌 빠져. 우리랑 못 놀아." 하고 말했다면?
'다치고 싶어서 다친 게 아닌데 너무해.' 하는 생각이 들었을 거야.

그래! 장애는 원해서 생겨난 게 아니야.
어쩔 수 없이 그런 거지.

꼭 이기려고 축구하는 건 아니잖아. 지면 어때?
함께하려는 마음이 중요하지.

시작해 보자

동정하는 것, 차별하는 것 모두 장애인에게 좋지 않아.
동정은 장애인이 스스로 일어서지 못하게 해.
차별은 장애인이 설 자리를 없애는 거고.

'불편한데 뭘 할 수 있겠어?'라고 생각하지 말고,
'나와 좀 다른 면이 있네.'라고 생각해 봐.

예기치 못한 사고는 언제 어디서든 발생할 수 있어.
그 누구도 장애인이 되고 싶어서 된 게 아니잖아.

앞으로는 장애인을 대할 때
말과 행동에 존중과 배려의 마음을 담도록 하자.

장애인을 어떻게 대하는 게 바람직할까?
다음 문항을 읽어 본 후 ○표나 ×표를 해 봐.

① 청각장애인은 아무것도 듣지 못하니까
말을 할 필요가 없다. ☐
② 휠체어에 앉은 사람과 대화할 때는
눈높이를 맞추기 위해 무릎을 구부린다. ☐
③ 시각장애인을 돕는 안내견을 보면
귀엽다고 하면서 쓰다듬어 준다. ☐
④ 휠체어를 밀고 오르막길을 오를 때는 앞에서 잡아끈다. ☐
⑤ 지하철을 탈 때 장애인부터 타도록 양보한다. ☐


몸이 불편한 친구를 어떻게 도와줄 수 있을까? 세 가지를 써 보자.

예) 급식 때 친구 대신 식판을 들어 준다.
_____
_____
_____

소수자의 의견 듣기

폐지 줍는 할머니 때문에 버스가 천천히 가.
학원 시간 늦었는데 너무 답답해.

약자의 목소리를 들어 봐.

할머니가 손수레에 폐지를 잔뜩 싣고 느릿느릿 가시네.
빈 상자 하나가 떨어질 듯 위태로워 보여.
그런데 버스가 할머니 옆을 쌩 하고 지나가야 할까?


우리 사회에는 소수자가 있어.
소수자는 수가 적은 사람이야. 다시 말해 힘이 없는 약한 이들이지.
폐지 줍는 할머니도 소수자야.
폐지 모은 돈으로 하루하루 힘겹게 살아가는 분이지.
할머니는 운전하는 사람들에게 부탁하고 계신지도 몰라.
"미안합니다. 천천히 지나가 주세요."

소수자는 자기 생각을 쉽게 표현하지 못해.
사람들이 안 들어주려 하니까.
그들의 낮은 목소리에 귀 기울여 보자.
관심을 둘수록 또렷하게 들릴 거야.

시작해 보자

옛날에 광부들이 석탄을 캐러 땅속에 들어갈 때
'카나리아'라는 작은 새를 데려 갔대.
카나리아가 노래를 멈추거나 홰에서 떨어지면
광부들은 재빨리 땅속에서 나왔다고 해.
땅속의 산소가 적어져 위험해진 걸
몸집 작은 카나리아가 제일 먼저 느꼈기 때문이야.

그저 작은 새일 뿐이지만 카나리아 덕분에 광부들은
깊은 땅속에서도 열심히 일할 수 있었던 거지.

다 함께 행복하게 사는 사회를 만들기 위해
약자의 목소리에 귀 기울여 보자.

우리 사회에는 폐지 줍는 할머니처럼 약자들이 있어.
누가 있는지 생각해 봐.

예) 다른 나라에서 일하러 온 사람들
_____

약자의 목소리를 들어 봐. 이 목소리에 어떻게 응답할 수 있을까?

① "정신 장애인을 '바보'라고 놀리지 마세요." (장애인)
⇒ _____

② "우리 엄마는 베트남 사람입니다.
　 한국말 못한다고 때리지 마세요." (다문화 가족)
⇒ _____

④ "우리 가족은 북한에서 왔어요.
　 이상한 눈으로 보면 싫어요." (북한 이탈 주민)
⇒ _____

⑤ "우리는 전쟁을 피해 한국에 왔습니다.
　 우리를 내쫓지 말아 주세요." (난민)
⇒ _____

나보다 약한 사람 배려하기

내 앞에 임신한 아주머니가 서 있어.
자리를 양보해야 할까?

자리를 양보해.

양보할 생각을 한 거 정말 대견하다.
그런데 그분이 할머니 할아버지가 아니라서 고민하는구나.
어떻게 하면 좋을까?

자리를 양보할 사람이 할머니 할아버지만 있는 건 아니야.
네 앞에 있는 임신한 아주머니도 양보할 사람이지.
왜냐고? 배 속에 아기가 있으니까.
한 사람이 아니라 두 사람이니까.

또 아이를 업은 사람, 목발을 짚은 사람도 자리에 앉아야겠지.
다만 네가 아픈 사람이라면 양보하지 않아도 돼.
너보다 건강해 보이지 않는 사람에게 양보하는 거니까.

고민이 끝났으면 곧장 일어나서 말하자.
"여기 앉으세요."

버스에서 자리 때문에 다툼이 일어나곤 해.
"어디 젊은 사람이 앉아 있어?"
"제 돈 내고 탔는데 뭐가 어때서요?"

분홍색으로 된 임산부 자리엔 건강한 아저씨가 앉기도 해.
"임산부가 없어서 앉은 건데 웬 참견이야?"

임산부가 없어도 비워 놓으면 안 될까?

누군가를 배려하고 양보하면 마음이 뿌듯해져.
너도 그 기분을 느껴 봐.

어떤 아이가 버스에서 어른에게 자리를 양보했어. 그 어른이 자꾸 눈치를 줘서 말이야. 아이는 서서 가는 내내 억울하다고 생각하겠지. '똑같이 돈 내고 타는데….' 너라면 어떤 기분이 들 것 같아?

___

임산부 자리에 앉은 건강한 아저씨에게 하고 싶은 말 있어?

___

어떤 분이 어린이인 네게 자리를 양보했어. '오호, 잘됐네.' 넌 얼른 자리에 앉았어. 그런데 그분에게 뭐라고 말해야 하지 않아?

___

## 봉사의 기쁨과 행복 느끼기

엄마가 노인 복지관에 같이 봉사활동 가자고 하셔.
일요일이라 놀고 싶은데.

도우면 행복해져.

맞아, 다른 날도 아니고 일요일이니까.
봉사하자고 하시니 부담도 될 거야.
뭘 어떻게 하는지도 잘 모르잖아.


엄마가 그렇게 말씀하신 까닭이 있을 거야.
무턱대고 "싫어, 안 갈 거야." 하지는 말자.
엄마는 봉사를 다니면서 뭔가를 깨달으셨을 거야.
바로 봉사 후에 느낀 행복이지.

왜 남을 돕는 게 행복하냐고?
남을 도울 만큼 내 몸과 마음이 건강하다고 느껴서야.

봉사는 나와 남 모두에게 행복을 가져다주는 마법 같은 거야.
그러니까 한 번 따라가 보는 게 어때?
마법 같은 하루가 될지도 모르잖아.

'난 아직 어린데 무슨 봉사를 하지?'
그렇지 않아. 어려도 할 수 있는 일이 있거든.
말벗 되어 드리기, 어깨와 다리 주무르기,
식사 도와드리기, 휠체어 밀면서 함께 산책하기, 심부름하기.

봐, 생각보다 많지?
손 있는 사람은 손으로, 발 있는 사람은 발로,
마음 있는 사람은 마음으로 도우면 행복해져.

집으로 돌아오는 길에 네가 한 뼘 커진 걸 느끼게 될 거야.
마음의 키 말이야.

누구에게나 도움받을 권리가 있어. 전쟁 중에 부상을 입으면 아무리 적군이라도 보호받고 치료받을 수 있지. 네가 생각하기에 도움이 꼭 필요한 사람은 누가 있을까? 생각나는 대로 써 봐.

_____
_____
_____

'도움 통장'을 하나 만들어 봐. 수첩을 준비해서 날마다 누구를 어떻게 도왔는지 기록하는 거야. 도움이 하나하나 쌓일수록 행복도 차곡차곡 쌓일 거야.

2019년 12월 10일  엄마의 장바구니를 들어드렸다.
2019년 12월 22일  버스에서 할머니 대신 벨을 눌러드렸다.

20   년   월   일  _____
20   년   월   일  _____
20   년   월   일  _____

실천의 중요성 알기

돕고는 싶은데 막상 하려니 망설이게 돼. 좋은 방법 없어?

작은 것부터 실천해 봐.

참 착한 마음을 가졌구나.
돕겠다고 마음먹은 것만으로 이미 실천을 시작한 거거든.
그럼 이제 조금만 더 몸을 움직여 보자.

한꺼번에 큰 일을 돕겠다고 나서면 잘 되지 않아.
작은 것부터 조금씩 해 가야 쉽게 풀리지.

남을 돕는 일은 젖소에게서 젖을 짜는 것과 같아.
한꺼번에 우유를 얻겠다고 젖을 짜려고 하면 그만큼 나오지 않아.
날마다 조금씩 짜야 하거든.

기회가 될 때마다 하나씩 실천해 보자.
'나중에 할 거야.' 미루지 말고.
남을 돕는 기회는 자주 오지 않거든.

마음먹었을 때 바로 실천하자.

누군가를 도울 때 조금 서툴러도 괜찮아.
진심으로 돕는지 돕는 척하는지 상대방이 다 알고 있거든.
불편한 데는 없는지 물어 보는 것도 좋아.
"괜찮으세요?" "불편하지 않으세요?" "이건 어떨까요?"

돕고 싶은 마음을 네 나름대로 표현하면 돼.
'떨어지는 물방울이 바위를 뚫는다.'는 말이 있어.
약한 물방울도 계속 떨어지면 큰 힘을 낼 수 있다는 뜻이야.

서툴러도 망설이지 말고 해 보자.

어떤 꼬마가 나무에 걸린 연을 바라보며 손을 뻗고 있어.
네가 꼬마보다 키가 크다면 어떻게 하겠어?

어떤 아이가 횡단보도에서 초록불이 끝나가는데 건너려고 해.
어떻게 도우면 좋을까?

새끼 길고양이가 배가 고픈지 울고 있어. 그냥 못 본 척 지나치는 게
좋을까, 아니면 도와주는 게 좋을까? 도와준다면 어떻게 도와줄까?

인간의 기본권 이해하기

사람을 죽인 범인이 왜 마스크를 쓰고 있어?
왜 얼굴을 가리지?

모든 사람은 존중받아야 해.

잔인한 범죄자가 어떻게 생겼는지 궁금하구나.
얼굴을 가리는 건 그 사람을 편들어 주려는 게 아니야.
인권 때문이지.

사람이라면 마땅히 누려야 할 권리가 인권이야.
누구나 간섭받지 않고 자유롭게 생각하며 의견을 드러낼 수 있어.
배울 권리와 일할 권리, 행복하게 살 권리도 있어.
가난하다고, 여자라고, 장애인이라고, 외국인이라고
차별당해서는 안 돼.

살인자도 마찬가지야.
용서받지 못할 죄를 저질렀어도 사람으로서 존중받을 건 있어.
얼굴을 가리는 건 최소한의 존중이야.

인권은 무엇보다 우선이거든.

사람이 죄를 지으면 권리를 누리지 못하게 막아.
감옥에 가두어 자유롭게 살지 못하도록 하지.
그래도 최소한의 권리는 막지 않아.
굶지 않도록 밥을 주고, 병이 들면 치료받게 해 줘.

죄 지은 사람에게서 권리를 모두 빼앗으면 어떻게 될까?
아마도 고통스럽게 죽어갈 거야.

인권은 사람을 사람답게 만드는 거야.
너의 인권뿐 아니라 모든 사람의 인권이 보호받아야 해.
이 점을 꼭 기억해.

어떤 왕이 마을을 지나다가 아름다운 여인을 발견했어. 그 모습에 넋을 잃은 왕이 여인에게 물었지. "넌 이렇게 예쁜데 어떻게 농부의 아내가 되었지? 왕비가 될 수도 있었는데." 이 질문이 불편하게 느껴지지 않아? 왕은 어떤 면에서 여인을 무시했을까?

---

'선녀와 나무꾼'이라는 옛이야기 알고 있지? 나무꾼은 어떤 면에서 선녀를 생각하지 않고 제멋대로 행동했을까?

예) 선녀가 목욕하는 걸 훔쳐봤다.

---

유엔(UN)은 '아동권리협약'을 정했어. 어린이의 인권을 보호하려고 말이야. 그중 몇 가지를 함께 읽으면서 네 권리를 헤아려 보자.

> **12조 의견 존중**
> 우리에게 영향을 미치는 문제를 결정할 때 우리는 의견을 말할 권리가 있습니다. 어른들은 우리의 의견에 귀를 기울여야 합니다.
>
> **16조 사생활 보호**
> 우리는 사생활을 간섭받지 않아야 합니다. 우리가 주고받는 전화나 메일 등은 다른 사람이 마음대로 보아서는 안 됩니다.
>
> **31조 여가와 놀이**
> 우리는 충분히 쉬고 놀 권리가 있습니다.

### 종교로 서로 다투지 않기

명절 때마다 제사 문제로 어른들이 싸워.
종교가 서로 달라서 그러는 거라고 하셔.

## 남의 종교를 인정해 줘.

즐거운 명절에 어른들끼리 다투셔서 기분이 안 좋았겠다.
종교가 다르면 왜 싸울까?
모든 종교가 화합을 이야기하는데….

지금도 세계 곳곳에서 종교 때문에 전쟁이 벌어지고 있어.
저마다 자기 종교가 최고라고 생각해서지.
"너희 종교는 틀렸어. 우리 종교로 오지 않으면 가만 안 둘 거야."

이상하지?
사랑과 자비와 용서를 가르치면서 그와 어긋나게 행동하니까.

종교 때문에 싸울 땐 이렇게 말해 보자.
"서로의 종교를 인정해 주세요. 원수도 사랑해야 한다면서요."

오래 전 천주교가 우리나라에 처음 들어왔을 때
나라에서는 천주교를 믿지 못하게 했어.
사람은 누구나 평등하다는 천주교의 이념이
양반과 평민 사이의 구분을 없앨까 봐 두려워한 거야.
그래서 천주교를 믿는 사람들을 잡아다가
감옥에 가두고 고문하고 죽이기까지 했어.
슬픈 역사지.

종교의 자유는 사람의 기본권 가운데 하나야.
누구도 "이 종교를 믿어라." "저 종교를 믿지 마라."라고
강요할 수는 없어.

친구들 사이에서도 종교 때문에 다투지 않도록 조심하렴.

종교는 생각이 같은 사람들이 모인 공동체야. 그래서 어떤 공동체보다 단단하고 힘이 있어. 그 힘을 좋은 곳에 쓰면 세상이 밝아지고, 나쁜 곳에 쓰면 어두워져. 종교가 있어 좋은 점은 무엇일까? 세 가지를 써 보자.

예) 힘들고 어려운 사람들을 위해 기도할 수 있다.
_____
_____
_____
_____

어느 날 친구가 이렇게 말한다면 뭐라고 대답할 수 있을까?

친구 : "부처님보다 하나님이 더 세." 또는
"하나님보다 부처님이 더 세."
나 :
_____
_____
_____

종교 때문에 전쟁이 벌어지면 어린이들이 가장 크게 고통을 받아. 전쟁에 시달리는 다른 나라 어린이들이 더는 고통받지 않기를 기원해 보자.

피부색으로 사람 차별하지 않기

## 살갗이 까매서 깜둥이라고 부른 건데, 뭐가 잘못됐어?

깜둥이라니?

생각 없이 깜둥이라고 부른 거야?
깜둥이란 말 좋은 말 아닌데.
그건 흑인을 업신여기는 말이잖아.


백인이 네게 '노랑이'라고 하면 어떤 기분이 들까?
"살갗이 노래서 노랑이라 부른 건데 뭘."
이 말까지 덧붙이면 네 눈에서 뜨거운 불꽃이 튈 거야.
그러니까 사람을 피부색으로 차별해서는 절대 안 돼.
자기가 원해서 그렇게 된 게 아니거든.

피부가 하얗다, 노랗다, 까맣다고 나누는 건 의미가 없어.
사람은 피부색에 상관없이 모두 인격을 지닌 소중한 존재니까.

깜둥이라고 부른 거 당장 사과하도록 해.

## 시작해 보자

아프리카 사람들이 북아메리카에 노예로 팔려갈 때 이야기야.
그들은 쇠사슬에 손발이 묶인 채 배에 올랐어.
낮은 짐칸에 차곡차곡 짐짝처럼 실렸지.
서 있지도 앉아 있지도 못하고 누워 있어야만 했어.
사람이 아니라 짐승으로 취급당한 거야.

흑인들에겐 이렇게 아픈 상처가 있어.
네가 그 상처에 대해 한 번이라도 생각해 봤다면
깜둥이란 말이 쉽게 나오지 않았을 거야.

겉으로 보이는 피부색으로 사람을 판단하지 말자.

예전에는 크레파스 중에 '살색'이 있었어. 우리나라 사람들의
살빛과 비슷한 색깔이란 뜻이었지. 그 '살색'이 지금은 '살구색'으로
바뀌었어. 왜 그랬을까?

_____
_____
_____
_____

외국에서 우리나라로 일하러 온 사람들 본 적 있지? 짙은 피부색에
수염을 기른 사람들 말이야. 그들을 보면서 어떤 생각이 들었어?

_____
_____
_____

너희 반에 피부가 남들보다 까만 아이가 있다고 해 봐.
그 친구를 놀리는 아이가 있다면 뭐라고 타일러야 할까?

_____
_____
_____

환경을 보존해야 하는 이유 깨닫기

설마 숲을 없애고 아파트 좀 짓는다고
자연이 금방 망가지겠어?

우리도 자연의 일부야.

얼마 전까지도 나무들이 빼곡히 들어선 곳이었는데
어느새 높다란 아파트가 줄지어 생겨났네.
울창한 숲이 하나둘씩 사라져도 괜찮을까?

사람이 살기 위해서는 반드시 집이 필요해.
우리나라처럼 땅은 좁은데 사람이 많으면
아파트처럼 집을 높게 지을 수밖에 없지.

하지만 숲을 없애고 집을 짓는 건
숲에 사는 식물과 동물의 집을 빼앗는 거야.

그러면 사람에게 아무런 해가 없을까? 그렇지 않아.
사람도 자연의 일부이기 때문에 피해를 입을 수 있어.
결국 사람만 살려고 하는 욕심이 자연을 망가뜨리는 거야.

함께 살려고 해야 모두 잘살 수 있어.

숲이 울창한 섬에 사람들이 살고 있었어.
어느 날부터 사람들은 나무를 베어 내다 팔기 시작했지.
돈은 많이 벌었지만 생태계는 점점 무너져 살기 어려워졌어.
숲이 전부 사라지자 결국 사람들은 육지로 도망쳤지.

만약 지구가 그 섬처럼 죽은 별이 된다면?
우리에겐 도망칠 다른 별이 없으니 끔찍한 일이 벌어질 거야.

더 이상 자연을 망가뜨리지 않도록 누군가는 막아야 해.
"그만 해요."라고 말이야.

그 사람이 너라면 좋겠어.

나무와 숲이 있어서 좋은 점은 무엇일까? 세 가지만 써 봐.

_____

_____

_____

멕시코 바닷가에서 죽은 거북이의 배에서 우리나라 플라스틱 조각이 발견되었어. 누군가 무심코 바다에 버린 플라스틱 조각이 저 멀리 멕시코까지 흘러가 거북이를 죽게 한 거야. 자연을 병들게 하는 우리의 잘못된 행위에 또 뭐가 있을까?

예) 계곡 물에서 설거지하기
_____

_____

_____

산에 사는 멧돼지가 먹이를 찾아 마을로 내려오기도 해. 불행하게도 어떤 사람은 피해를 당해. 멧돼지 역시 죽게 되고. 사람과 멧돼지 모두 피해를 입지 않는 방법은 무엇일까?

_____

_____

살아 있는 모든 것 존중하기

여름밤의 불청객, 모기는 왜 있는 거야.
죄다 없어졌으면 좋겠어.

하찮은 생명이란 없어.

자려고 하면 앵앵거리고, 물어서 가렵게 하고,
게다가 병까지 옮기기도 하지.
진짜 하나도 쓸모없는 벌레야.


모기 없는 여름, 상상만 해도 행복할 거야.
파리, 바퀴벌레, 나방까지 없으면? 진짜 천국이겠지.
그런데 다 없애도 괜찮을까?

우리는 사람 중심으로 생각하려 해.
그래서 힘없는 작은 곤충에게 마음껏 힘자랑을 하지.
"넌 착한 벌레야, 넌 나쁜 벌레야." 하며 나누기도 해.

하지만 자연이 보기엔 다 같은 생명이야.
네 생명이 소중한 만큼 모기의 생명도 소중해.
모기가 무는 건 번식하기 위해서잖아.

"도토리 주워 가지 마세요."
가을에 산에 가면 볼 수 있는 글귀야.
왜 도토리를 주워 가지 말라고 할까?
그건 다람쥐 먹이를 사람이 빼앗지 말라는 뜻이야.

어느 때 보면 사람은 지나치게 욕심을 부려.
다른 생명에게 양보하지 않고 자기만 챙기려고 해.
그럴수록 자연은 아파 신음해.

동물이든 식물이든 사는 방식은 저마다 달라.
그걸 이해하고 존중할 줄 아는 마음을 키워 보자.
그러면 더 이상 하찮아 보이는 생명은 없을 거야.

버려진 강아지가 들개가 되었다는 이야기 들은 적 있지?
그 들개는 또다시 사람들이 싫어하는 동물이 되고 말아.
잘못은 사람이 했는데 말이야. 키우던 강아지를 몰래 버리지 않게 하려면 어떻게 해야 할까?

_____

_____

_____

지구의 기온이 점점 따뜻해져서 빙하가 녹고 있어. 북극곰이 제대로 먹지 못해 비쩍 말라 가고 있잖아. 지구 온난화를 막을 방법은 없을까?

예) 가까운 거리는 걸어가거나 자전거 이용하기
_____

_____

생명을 존중하는 마음으로 갯벌 체험을 해 보는 건 어떨까?
갯벌 체험할 때 꼭 지켜야 할 점을 천천히 또박또박 읽어 보자.

> 첫째, 갯벌에 들어가기 전에 갯벌이 살아 있다는 걸 먼저 생각한다.
> 둘째, 갯벌 생물을 무심코 밟을지 모르니 조심스럽게 걷는다.
> 셋째, 갯벌 생물을 사랑스러운 마음으로 관찰한다.
> 넷째, 갯벌 생물을 잡아 싸움을 시키거나 장난거리로 삼지 않는다.
> 다섯째, 갯벌 생물을 먹을 때는 고맙다는 마음을 갖는다.

평화로운 지구를 위해 할 일 찾기

지구의 평화?
나 같은 어린이가 뭘 할 수 있겠어.

지구의 평화를 지키자.

네가 초능력을 가진 히어로가 아닌 건 맞아.
어린이라서 할 수 없는 일도 많지.
반대로 어린이니까 어린이다운 일은 얼마든지 할 수 있어.


지구는 항상 시끄러워.
여기저기에서 전쟁 때문에 사람들이 다치고 죽어.
조금이라도 더 갖기 위해 경쟁을 벌이지.
피부색으로 차별하는 문제도 여전히 남아 있어.

그래, 지구의 평화를 깨뜨리는 건 어른들이야.
하지만 어린이가 자라서 어른이 되잖아.
그러니까 어려서부터 평화를 지키는 일을 해야 한다는 뜻이야.

친구에게 거친 말을 쓰지 않는 것처럼
작은 일에서부터 시작해 지구의 평화를 지켜 나가자.

강력한 무기가 평화를 지킬 수 있을까?
그렇지 않아. 더 강력한 무기가 계속해서 등장할 거니까.

평화를 유지하고 지키는 건 무기가 아니라
함께 잘살 수 있는 마음가짐, 공동체 의식이야.
우선 나만 생각하는 마음, 이기주의를 버리고,
내가 할 수 있는 작은 일부터 실천해 보는 거야.

얄미운 동생 꿀밤 한 대 때리고 싶을 때 심호흡하기.
다 함께 쓰는 공공 자원 소중히 여기기.
겉모습으로 판단하고 차별하지 않기.

영웅은 한순간에 만들어지지 않는다는 거 잘 알지?

2014년 노벨 평화상의 주인공은 열일곱 살의 소녀, 말랄라 유사프자이였어. 말랄라는 여자아이들을 학교에 가지 못하게 한 탈레반 세력에 맞서서 여자아이들도 학교에 갈 권리가 있다고 인터넷에 글을 올렸지. 어느 날, 그 사실을 알게 된 탈레반 군인이 말랄라에게 총을 쏘았어. 말랄라는 다행히 수술을 빨리 받아 목숨을 구할 수 있었지. 그 뒤 열여섯 번째 생일날 말랄라는 전 세계 사람들 앞에서 이런 연설을 했어.

"'펜은 칼보다 강하다'는 말은 사실입니다. 총은 사람을 죽이기만 하지만 펜은 사람을 살릴 수 있습니다!"

말랄라에게 네 생각을 담아 편지를 보내면 어떨까?

말랄라 유사프자이 님에게
안녕하세요. 저는 _____ 이에요.
_____
_____ (이)가 보내요.
_____

더 나은 미래를 위해 많은 사람이 노력하고 있어. 옳다고 생각한 것을 묵묵히 해 나가지. 지구의 평화를 위해 네가 할 일은 무엇일까? 생각나는 대로 써 봐.

## 나는 얼마나 공동체를 생각하고 있을까?

평화롭고 행복한 세상을 바란다면 더불어 살아가려는 생각을 가져야 해. 다음 질문을 잘 읽고, 해당하는 점수에 솔직하게 ○표를 해 봐.

| 질문 | 대체로 그렇지 않다 | 보통 이다 | 대체로 그렇다 | 항상 그렇다 |
|---|---|---|---|---|
| 친구가 준비물을 안 가져오면 내 것을 빌려 준다. | 1 | 2 | 3 | 4 |
| 다리 다친 친구가 있으면 먼저 나서서 가방을 들어 준다. | 1 | 2 | 3 | 4 |
| 버스나 지하철에서 몸이 불편한 사람에게 자리를 양보한다. | 1 | 2 | 3 | 4 |
| 남이 아무렇게나 버린 쓰레기를 발견했을 때 주워서 쓰레기통에 버린다. | 1 | 2 | 3 | 4 |
| 비 오는 날 우산이 없는 친구와 함께 우산을 쓴다. | 1 | 2 | 3 | 4 |
| 언니, 누나, 형, 오빠, 동생과 먹을 것을 나눠 먹는다. | 1 | 2 | 3 | 4 |
| 집 안에서 밤늦도록 뛰어다니거나 소리를 지르지 않는다. | 1 | 2 | 3 | 4 |
| 줄을 서서 기다려야 할 곳에서는 반드시 줄을 선다. | 1 | 2 | 3 | 4 |
| 장애인을 위한 시설은 꼭 있어야 한다고 생각한다. | 1 | 2 | 3 | 4 |
| 아주 작은 개미도 함부로 죽여서는 안 된다고 생각한다. | 1 | 2 | 3 | 4 |

▶ 10점 이하면 나만 생각하는 마음이 큰 거야. 배려하는 마음을 갖도록 노력하자.
▶ 20점 이하면 이래도 좋고 저래도 좋다고 여기는 거야. 좀 더 공동체에 관심을 갖자.
▶ 30점 이상이면 다 함께 살아가려는 마음을 갖고 올바르게 실천하는 거야.

## [정답]

### 나 하나쯤이야는 곤란해

① 음식물 쓰레기 : 먹다 남은 치킨과 무
② 일반 쓰레기 : 치킨 뼈, 나무젓가락, 입 닦은 휴지, 손 닦은 물수건, 종이컵
③ 플라스틱 : 플라스틱 그릇, 일회용 포크, 플라스틱 병
④ 종이 : 종이상자
⑤ 비닐 : 비닐포장지
⑥ 캔 : 음료수 캔

### 말투가 이상하다고?

① 누가 빨리 하라는 사람 있어? 쉬면서 해.
② 어머니도 옷을 챙겨 입어야 하지 않겠어요?
③ 아버지 이게 뭔지 아세요? 이거 잘해서 받은 트로피잖아요.
④ 저기 엄마, 애들하고 놀이터 가려는데 안 되나요?
⑤ 자전거를 너처럼 잘 타고 싶은데 잘 안 돼.
⑥ 희정아, 밥 먹고 약 먹어라.
⑦ 아이스크림 많이 먹으면 배탈 나.

### 누구나 장애를 입을 수 있어

① ×   ② ○   ③ ×   ④ ×   ⑤ ○

글 **이정호**

서울에서 태어나 대학에서 교육학과 국어국문학을 공부했습니다. 2015년 제13회 푸른문학상 '새로운 작가상'을 받아 동화작가가 된 뒤, 어린이와 청소년을 위한 책을 쓰고 있습니다. 쓴 책으로 『달려라 불량감자』(공저), 『리얼 항공 승무원』, 『리얼 셰프』, 『조선에서 온 내 친구 사임당』, 『어린이를 위한 자존감 수업』, 『어린이를 위한 말하기 수업』 등이 있습니다.

그림 **방인영**

대학에서 세라믹 디자인(도예)을 전공한 후 현재 프리랜서 일러스트레이터로 활동 중입니다. 단행본, 광고, 사외보, 포스터, 패키지, 학습지, 교과서 등 다수의 매체에 따뜻한 마음이 가득 담긴 그림을 싣고 있습니다. 오랫동안 그리고 그리는 삶을 살고 싶습니다.